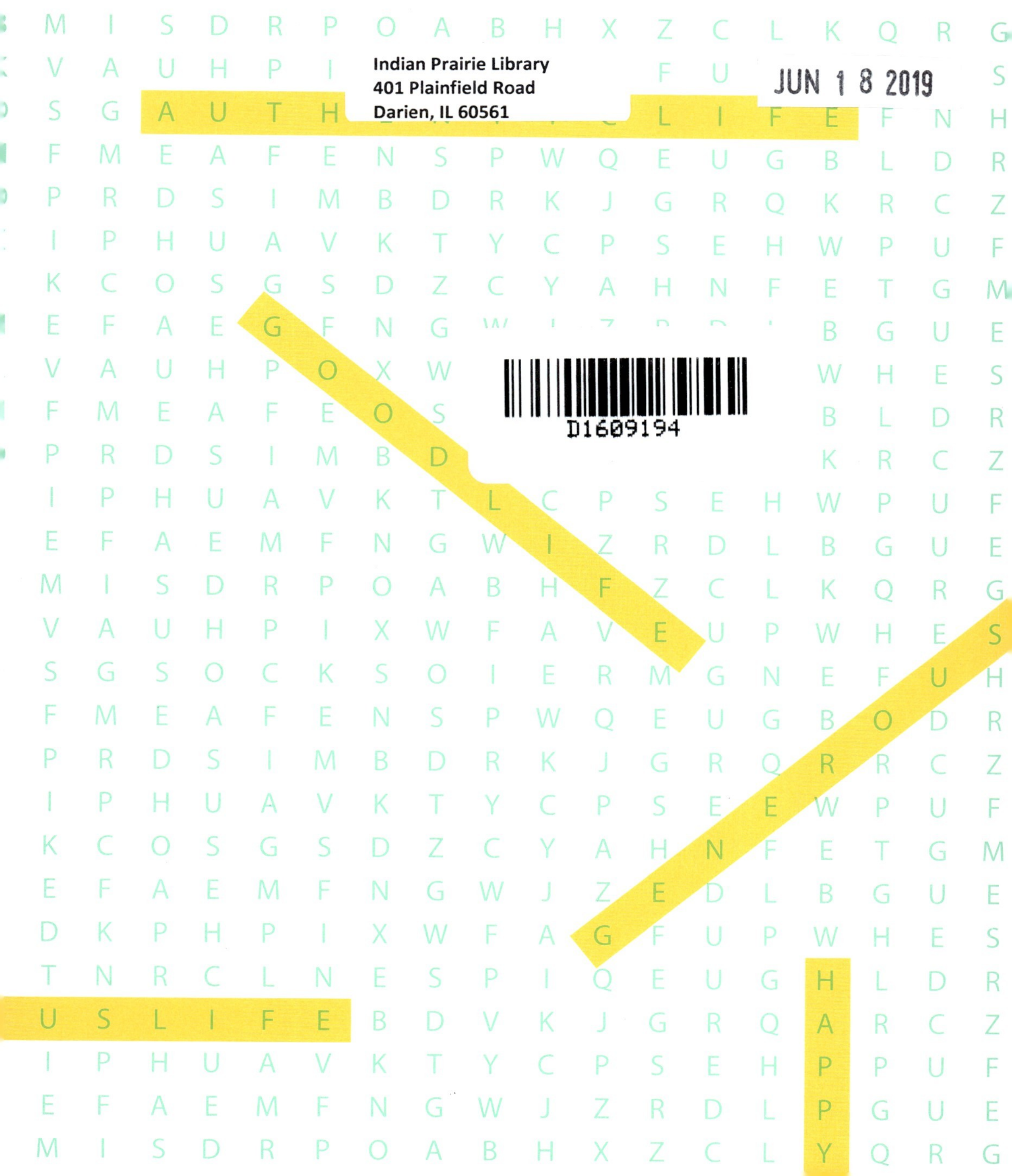
GOOD LIFE
GENEROUS
HAPPY
US LIFE

D R P O A B H X Z C L K Q R G J S R

H P I X W F A V F U P W H E S U C Y

O C K S O I E R M G N E F N O A Y C

A F O N S P W Q E U G B L R R Z J W

S I M M D R K J G R Q K E C Z X H B

U A V K P Y C P S E H N P U F V A F

S G S D Z A Y A H N E E T G M R P I

E M F N G W S Z R G L B G U E Q P P

H P I X W F A S F U P W H E S P Y

A F E N S P W Q I U G B L D R Z L W

S I M B D R K J G O Q K R C Z X I B

U A V G T Y C P S E N W P U F V F F

E M F E G W J Z R D L A G U E Q E P

D R P N A B H X Z C L K T R G J K R

H P I E W F A V F U P W H E S P C Y

O C K R O I E R M G N E F N L A Y C

A F E O S P W Q E U G B L D R I J W

S I M U D R K J G R Q K R C Z X F B

U A V S T Y C P S E H W P U F V A E

S G S L Z C Y A H N F E T G M R E I

E M F I G W J Z R D L B G U E Q W P

H P I F W F A V F M O Y F T L E I A

A F E E S P W Q E U G B L D R I J W

S I M B D R G J G R Q K C O U R A G

U A V K T Y O P S E H W P U F V A F

E M F N G W O Z R D L B G U E Q W P

D R P O A B D X Z C L K Q R G J K R

what makes a *GOOD LIFE?*

ALL YOU NEED IS DEEP WITHIN YOU WAITING TO UNFOLD AND REVEAL ITSELF.

EILEEN CADDY

A GOOD LIFE MEANS SOMETHING DIFFERENT FOR EVERYONE. YET THE ANSWER ALWAYS STARTS WITH LISTENING TO YOUR HEART. HEARING THE STEADY THUMP INSIDE YOU, REMINDING YOU THAT YOU ARE HERE.

YOU HAVE THIS MOMENT. WITHIN EACH MOMENT, YOU HOLD A POSSIBILITY. A HOPE. A CHOICE. WITHIN EACH CHOICE, YOU HAVE A CHANCE FOR CLARITY AND KINDNESS. JOY AND PASSION. FUEL FOR A GOOD LIFE.

AND A GOOD LIFE MEANS *CHOOSING* TO BREATHE AIR ONTO THE FIRE IN YOUR HEART.

WHAT MAKES A *good*

LIFE?

D R P O A B H X S C L K Q R G J K R
H P I X W F A O F U P W H E S P O S
O O K S O I P R M G N E F N H A Y C
A S E N S T W Q E U G B L D R Z J W
S S M B D R K J G R Q K R C Z X H B
U I V
S B S
E I F
H L I
A I E
S T M
U Y V
E M F
D R P
H P I
O C K
A F E
O I M
U A V
P G S
E O F
H P S

SEEING POSSIBILITY IN EACH MOMENT.

A F E S S P W Q E U G B L D R Z J W
S I M B I R K J G R Q K R C Z X H B
U A V K T B C P S E H P O S S I B I
E M F N G W L Z R D L B G U E Q W P
D R P O A B H E Z C L K Q R G J K R

IT'S A CONSTANT, CONTINUOUS,

SPECTACULAR WORLD WE LIVE IN.

AND EVERY DAY YOU SEE THINGS

THAT JUST KNOCK YOU OUT,

IF YOU PAY ATTENTION.

ROBERT IRWIN

FINDING YOUR *spark.*

THERE IS A MAGIC ABOUT YOU

THAT IS ALL YOUR OWN.

D. M. DELLINGER

MAKING ROOM FOR GOOD TIMES.

LIFE BRINGS SIMPLE
PLEASURES TO US EVERY DAY.
IT IS UP TO US TO MAKE THEM
WONDERFUL MEMORIES.

CATHY ALLEN

SETTING A GOAL, THEN GOING *beyond it.*

JUST THINK OF SOMETHING THAT

EVERYONE AGREES WOULD BE "WONDERFUL"

IF IT WERE ONLY "POSSIBLE"... AND THEN

SET OUT TO MAKE IT POSSIBLE.

ARMAND HAMMER

WHAT A compassion

MAKES

ate *LIFE* ?

DELIGHTING IN THE *differences.*

...EVERY SOUL IS TO BE CHERISHED, THAT EVERY FLOWER IS TO BLOOM.

ALICE WALKER

MAKING FRIENDSHIPS IN UNLIKELY PLACES.

EVERY SUNRISE IS AN

INVITATION FOR US TO

ARISE AND BRIGHTEN

SOMEONE'S DAY.

RICHELLE E. GOODRICH

ASKING FOR HELP, THEN *helping* IN RETURN.

...GIVE THE WORLD THE BEST
THAT YOU HAVE AND THE
BEST WILL COME BACK TO YOU.

MADELINE BRIDGES

SMILING AND BEING THE FIRST TO SAY hello.

...THERE IS SOMETHING
OF YOURSELF THAT YOU
LEAVE AT EVERY MEETING
WITH ANOTHER PERSON.

FRED ROGERS

WHAT MAKES *courageous* LIFE?

4

GOING TO SEE FOR YOURSELF.

IT'S YOUR PLACE IN THE WORLD; IT'S YOUR
LIFE. GO ON AND DO ALL YOU CAN WITH IT,
AND MAKE IT THE LIFE YOU WANT TO LIVE.

MAE JEMISON

ACKNOWLEDGING THE *good* IN CHANGE.

WE CAN ALWAYS DEPEND ON SOME

PEOPLE TO MAKE THE BEST, INSTEAD

OF THE WORST, OF WHATEVER HAPPENS.

SANDRA WILDE

ASKING QUESTIONS,

EVEN IF IT'S JUST TO YOURSELF.

...THE FREE, EXPLORING MIND OF
THE INDIVIDUAL HUMAN IS THE MOST
VALUABLE THING IN THE WORLD.

JOHN STEINBECK

EXPECTING THAT *good things* ARE COMING.

(BECAUSE THEY ARE.)

ALL MEANINGFUL CHANGE STARTS

FIRST IN THE IMAGINATION AND

THEN WORKS ITS WAY OUT. THEREFORE,

DREAM OFTEN... AND DREAM BIG.

DAN ZADRA

WHAT
A generou

MAKES
LIFE
?

BEING PRESENT WITH OTHERS.

THE WORK OF YOUR HEART, THE
WORK OF TAKING TIME, TO LISTEN,
TO HELP, IS ALSO YOUR GIFT TO
THE WHOLE OF THE WORLD.

JACK KORNFIELD

GIVING THE *gift* OF YOU.

BY BEING YOURSELF, YOU PUT
SOMETHING WONDERFUL INTO THE
WORLD THAT WAS NOT THERE BEFORE.

EDWIN ELLIOT

SUPPORTING YOUR *loved ones.*

FORTUNATE ARE THE PEOPLE

WHOSE ROOTS ARE DEEP.

AGNES MEYER

CREATING *balance* FOR ALL.

R	G	J	K	R
E	S	P	C	Y
N	H	A	Y	C
D	R	Z	J	W
C	Z	X	H	B
U	F	V	A	F
G	M	R	E	I
U	E	Q	W	P
E	S	P	C	Y
D	R	Z	J	W
C	Z	X	H	B
U	F	V	A	F
U	E	Q	W	P
R	G	J	K	R
E	S	P	C	Y
N	H	A	Y	C
D	R	Z	J	W
C	Z	X	H	B
U	F	V	A	F
G	M	R	E	I
U	E	Q	W	P
U	E	S	P	C	Y
D	R	Z	J	W
C	Z	X	H	B
U	F	V	A	F
R	G	J	K	R

M I S D R
V A U H P
S G S O C
F M E A F
P R D S I
I P H U A
K C O S G
E F A E G
V A U H P
F M E A F
P R D S I
I P H U A
E F A E M
M I S D R
V A U H P
S G S O C
F M E A F
P R D S I
I P H U A
K C O S G
E F A E M
V A U H P
F M E A F
P R D S I
I P H U A
E F A E M
M I S D R

THERE IS NO EXERCISE

BETTER FOR THE HEART

THAN REACHING DOWN

AND LIFTING PEOPLE UP.

JOHN ANDREW HOLMES

WHAT MAKES authen LIFE?

BEING
different.
(AND PROUD OF IT.)

WE ARE EACH GIFTED IN A UNIQUE
AND IMPORTANT WAY. IT IS OUR
PRIVILEGE AND OUR ADVENTURE TO
DISCOVER OUR OWN SPECIAL LIGHT.

EVELYN DUNBAR

LETTING YOUR HEART LEAD.

LISTEN TO YOUR INNER VOICE...

FOR IT IS A DEEP AND POWERFUL

SOURCE OF WISDOM, BEAUTY AND

TRUTH, EVER FLOWING THROUGH YOU...

CAROLINE JOY ADAMS

INSPIRING OTHERS TO *shine*

THERE ARE THOSE WHOSE LIVES

AFFECT ALL OTHERS AROUND THEM.

QUIETLY TOUCHING ONE HEART,

WHO IN TURN, TOUCHES ANOTHER.

REACHING OUT TO ENDS FURTHER

THAN THEY WOULD EVER KNOW.

WILLIAM BRADFIELD

D R P O A B H X Z C L K Q R G J K R
H P I X W F A V F U P W H E S P C Y
O C K S O I E R M G N E F N H A Y C
A F E N S P W Q E U G B L D R Z J W
S I M B D R K J G R Q K R C Z X H B
U A V K T Y C P S E H W P U F V A F
S G S D Z C Y A H N F E T G M R E I
E M F W P
H P I C Y
A F E J W
S I M H B
U A V A F
E M F W P
D R P K R
H P I C Y
O C K Y C
A F E J W

CARING DEEPLY,

S I M B D R K J G R Q K R C Z X H B
U A V **W I T H** X M **P U R P O S E.** A F
S G S D Z C Y A H N F E T G M R E I
E M F N G W J Z R D L B G U E Q W P
H P I X W F A V F U P W H E S P C Y
A F E N S P W Q E U G B L D R Z J W
S I M B D R K J G R Q K R C Z X H B
U A V K T Y C P S E H W P U F V A F
E M F N G W J Z R D L B G U E Q W P
D R P O A B H X Z C L K Q R G J K R

WHEREVER YOU ARE,

BE THERE TOTALLY.

ECKHART TOLLE

WHAT MAKES

A happy LIFE?

TAKING NOTE OF THE *good stuff.*

BE CONTENT WITH WHAT YOU
HAVE; REJOICE IN THE WAY THINGS
ARE. WHEN YOU REALIZE THERE
IS NOTHING LACKING, THE WHOLE
WORLD BELONGS TO YOU.

LAO-TZU

GETTING OUT OF YOUR ROUTINE.

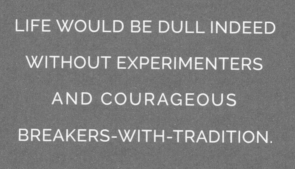

LIFE WOULD BE DULL INDEED

WITHOUT EXPERIMENTERS

AND COURAGEOUS

BREAKERS-WITH-TRADITION.

MARIE BULLOCK

D R P O A B H X Z C L K Q R G J T R
H P I X W F Q V F U P W H E S P H Y
O C K S T H A N K Y O U F N H A A C
A T E N S P W Q E U G B L D R Z K W
S H M B D R K J G R Q K R C Z X K B
U A V S F
S N S E I
E K F W P
H Y I C Y
A O E J W
S U M H B
U A V A F
E M F W O
D R P K T
H P I C H
O C K Y A
A F E J N
S I M H K
U A V A Y
S G S E O
E M F W U
H P I C Y
A F E J W

SAYING THANK YOU, EVEN TO NO ONE IN PARTICULAR.

T H A N K S F J G R Q K R C Z X H B
U A V K T Y C P S E H W P U F V A F
E M F N G W J Z R D L B G U E Q W P
D R P O A B H T H A N K Y O U J K R

MAYBE HAPPINESS DIDN'T
HAVE TO BE ABOUT THE BIG,
SWEEPING CIRCUMSTANCES, ABOUT
HAVING EVERYTHING IN YOUR
LIFE IN PLACE. MAYBE IT WAS
ABOUT STRINGING TOGETHER
A BUNCH OF SMALL PLEASURES.

ANN BRASHARES

CHOOSING TO SEE THE *positive* ALWAYS.

TURN THE WHEEL OF YOUR LIFE.

MAKE COMPLETE REVOLUTIONS.

CELEBRATE EVERY TURNING.

AND PERSEVERE WITH JOY.

DENG MING-DAO

COMPENDIUM®
live inspired

WITH SPECIAL THANKS TO THE ENTIRE COMPENDIUM FAMILY.

CREDITS:

WRITTEN & COMPILED BY: MIRIAM HATHAWAY
DESIGNED BY: JESSICA PHOENIX
EDITED BY: KRISTIN EADE

LIBRARY OF CONGRESS CONTROL NUMBER: 2018955817
ISBN: 978-1-946873-60-6

1ST PRINTING. PRINTED IN CHINA WITH SOY INKS.

M I S D R P O A B H X Z C L K Q R G
V A U H P I X W F A V F U P W H E S
S G A U T H E N T I C L I F E F N H
F M E A F E N S P W Q E U G B L D R
P R D S I M B D R K J G R Q K R C Z
I P H U A V K T Y C P S E H W P U F
K C O S G S D Z C Y A H N F E T G M
E F A E G F N G W J Z R D L B G U E
V A U H P O X W F A V F U P W H E S
F M E A F E O S P W Q E U G B L D R
P R D S I M B D R K J G R Q K R C Z
K P H U A V K T L C P S E H W P U F
I F E T M F N G W I Z R D L B G U E
M I S D R P O A B H F Z C L K Q R G
V A U H P I X W F A V E U P W H E S
S G S O C K S O I E R M G N E F U H
F M E A F E N S P W Q E U G B O D R
P R D S I M B D R K J G R Q E R C Z
I P H U A V K T Y C P S E G W P U F
K C O S G S D Z C Y A H A F E T G M
E F A E M F N G W J Z R D L B G U E
D N P H P I X W F A U F U P W H E S
T K E C L N E S P O Q E U G H L D R
Z S L R T O B D C K J G R Q A R C Z
I P H U O V K T Y C P S E H P U F
E F A E M U N G W J Z R D L B P G U E
M I S D R P S A B H X Z C L Y Q R G

D	R	P	O	A	B	H	X	Z	C	L	K	Q	R	G	J		R
H	P	I	X	W	F	A	V	F	U	P	W	H	E	S	U	C	Y
O	C	K	S	O	I	E	R	M	G	N	E	F	N	O	A	Y	C
A	F	O	N	S	P	W	Q	E	U	G	B	L	R	R	R	Z	J	W
S	I	M	M	D	R	K	J	G	R	Q	K	E	C	Z	X	H	B
U	A	V	K	P	Y	C	P	S	E	H	N	P	U	F	A	P	F
S	G	S	D	Z	A	Y	A	H	N	E	E	T	G	M	R	P	I
E	M	F	N	G	W	S	Z	R	G	L	B	G	U	E	Q	P	P
H	P	I	X	W	F	A	S	F	U	P	W	H	E	S	P	Y	Y
A	F	E	N	S	P	W	Q	I	U	G	B	L	D	R	Z	L	W
S	I	M	B	D	R	K	J	O	Q	K	R	C	Z	X	I	B
U	A	V	G	T	Y	C	P	S	E	N	W	P	U	F	V	F	F
E	M	F	E	G	W	J	Z	R	D	L	A	G	U	E	Q	E	P
D	R	P	N	A	B	H	X	Z	C	L	K	T	R	G	J	K	R
H	P	I	E	W	F	A	V	F	U	P	W	H	E	S	P	C	Y
O	C	K	R	O	I	E	R	M	G	N	E	F	N	L	A	Y	C
A	F	E	O	S	P	W	Q	E	U	G	B	L	D	R	I	J	W
S	I	M	U	D	R	K	J	G	R	Q	K	R	C	Z	X	F	B
U	A	V	S	T	Y	C	P	S	E	H	W	P	U	F	V	A	E
S	G	S	L	Z	C	Y	A	H	N	F	E	T	G	M	R	E	I
E	M	F	I	G	W	J	Z	R	D	L	B	G	U	E	Q	E	P
H	P	I	F	W	F	A	V	F	M	O	Y	F	T	L	E	I	A
A	F	E	E	S	P	W	Q	E	U	G	B	L	D	R	I	J	W
S	I	M	B	D	R	G	J	G	R	Q	K	C	O	U	R	A	G
U	A	V	K	T	Y	O	P	S	E	H	W	P	U	F	V	A	F
E	M	F	N	G	W	O	Z	R	D	L	B	G	U	E	Q	E	W
D	R	P	O	A	B	D	X	Z	C	L	K	Q	R	G	J	K	R